Octav Erbiceano

Sizilsche Kunst auf Münzen

Octav Erbiceano

Sizilsche Kunst auf Münzen

ISBN/EAN: 9783743304772

Hergestellt in Europa, USA, Kanada, Australien, Japan

Cover: Foto ©Thomas Meinert / pixelio.de

Manufactured and distributed by brebook publishing software (www.brebook.com)

Octav Erbiceano

Sizilsche Kunst auf Münzen

Sizilische Kunst auf Münzen!

Inaugural-Dissertation

zur

Erlangung der Doktorwürde

der

Hohen philosophischen Fakultät

der

kgl. bayer. Friedrich-Alexander-Universität

zu Erlangen

unter dem Präsidium des Herrn

Prof. Dr. Steinmayer

vorgelegt von

Octav Erbiceano,
aus Jassy.

München 1891.
Kgl. Hof- und Universitäts-Buchdruckerei von Dr. C. Wolf & Sohn.

Seinem hochverehrten Lehrer

Herrn Geheimrat

Dr. H. von Brunn

gewidmet

vom Verfasser.

Bei der Betrachtung der antiken chronologisch eingeteilten Münzen fällt jedem auf, dass die Geschichte der Prägung mit der Geschichte der Kunst eng verbunden ist; die Perioden der Schönheit und des Verfalls sind streng verbunden mit der Blüthezeit und mit dem Verfall der Kunst im allgemeinen, und es besteht also ein Zusammenhang zwischen der Entwickelung der Kunst und der Prägung. Ich habe nicht die Absicht, über diesen Zusammenhang zu schreiben und will auch nicht die Münzen, sie zu den Kunstwerken der Griechen rechnend, stylistisch behandeln, sondern ich will die sicilischen Münzen, was die Sujets betrifft, betrachten.

Schon Friedlaender hat im Monatsberichte d. Berlin. Akad. der Wiss. 1878 über die Sujets der Thessalischen Münzen geschrieben, und ich bin überzeugt, dass eine ähnliche Arbeit über die sicilischen Münzen möglich ist. Zur Erleichterung dieser Arbeit vergleiche ich, wenn es nothwendig ist, die sicilischen Sujets mit den nordgriechischen und peloponnesischen.

Meine Untersuchung der Darstellungen auf den Münzen Siciliens beginne ich mit den agonistischen Motiven, die auf diesen Münzen zu beobachten sind.

Es ist sicher, dass die unendliche auf sicilischen Münzen dargestellte Reihe der Zwei- und Viergespanne auf Wettrennen zu beziehen sind. Der beste Beweis dafür ist, dass neben diesem Gespanne fast immer oder sehr häufig eine Nike dargestellt ist. Die Erscheinung einer Nike bedeutet aber ausschliesslich einen Sieg. Dieser Sieg kann im Kriege oder im friedlichen Wettkampfe davongetragen sein. Wir haben hier keine Spur von einem unfriedlichen Kampfe, sondern wir befinden uns auf dem Rennplatze der Weltlaufbahn, wie die Erscheinung der Säule als Endpunkt der Laufbahn auf mehreren dieser Münzen deutlich zeigt. Man darf also mit Sicherheit sagen, dass dieser Sieg im Wettkampfe mit dem Wagen gewonnen wird. Siehe noch Imhof-Blumer „Die Flügelgestalten der Athena und Nike auf Münzen" in Numism. Zeitschrift III 1871.

Ob diese Wettrennen in Sicilien oder auswärts ihren Ursprung gehabt haben, ist eine Frage, die ich hier nicht berühren will. Ich erwähne nur, dass man angenommen hat, dass die sicilischen Wettrennen auf Elis zurückweisen und zwar aus folgenden 2 Gründen: Die altertümlichen Nikefiguren syrakusanischer Tetradrachmen haben sehr grosse Aehnlichkeit mit denjenigen der ältesten Münzen von Elis, und vom Ende des VII. Jahrhunderts an sind sehr viele Sicilier als Olympioniken im Wagensieg überliefert, wie Parmenides aus Kamarina [528 v. Chr.], Ischynos aus Himera [516 v. Chr.], Empedocles aus Agnigent [496 v. Chr.], Gelon aus Syrakus [488 v. Chr.], Astylos aus Syrakus [488, 484 und 480 v. Chr.] etc., siehe Kutgers' „Verzeichniss der Olympioniken" und Arch. Zeit. 1863, S. 48. Thatsache ist, dass bevor einige dieser Sicilier nach Elis gingen, um an den Olympischen Spielen Teil zu nehmen, sie diese Wettrennen in ihrer Heimat selbst üben mussten, und so erklärt sich die so zahlreiche Erscheinung des Siegesgespannes.

Da der Wagenlenker nie bewaffnet ist, ist ersichtlich, dass diese Gespanne als im friedlichen Wettkampfe aufzufassen sind. Dieser Classe gehören alle Darstellungen der Gespanne an, die auf den Münzen Siciliens sichtbar sind. Nur einige Ausnahmen sind allerdings zu beobachten: Münzen von Selinus [479—412] zeigen die Artemis als Lenkerin, neben ihr steht Apollo mit seinem Bogen zielend. Einige Varianten sind im Poole's Catal. vom brit. Museum, „Sicily" S. 139—141 gegeben: Nr. 23 Artemis hält die Zügel mit den beiden Händen ohne Kentron, Apollo mit Chlamys, Nr. 29 Apollo ohne Chlamys, Nr. 31 Artemis mit Zügel und Kentron, dabei Getreidekorn, Nr. 33 ohne Kentron, oberhalb der Pferde ein Oliven-Kranz. Siehe auch Luynes: „Choix de Médailles" Taf. VI Nr. 12 und Gardner: "The Types". Taf. II; 36. Diese Scenen sind auf Jagd oder auf Apollo's Kampf gegen Giganten zu beziehen. Noch eine Ausnahme zeigen ferner einige Münzen von Enna, die den Hades auf einen Viergespann nach rechts stehend mit Scepter in der Linken und dabei Persephone dargestellt haben: Cat. „Sicily" S. 59; 9—10.

Eine genaue chronologische Reihenfolge der Münzen, die Wettrenngespanne dargestellt haben, festzustellen, wird wohl nicht möglich sein; immerhin lassen sich durch die Art des Gepräges und die Verschiedenheit der Gegenstände ziemlich sichere Anhaltspunkte für die Geschichte der Entwickelung dieser Darstellungen gewinnen.

Wir wenden uns daher zu einer Betrachtung der Varianten, welche die verschiedenen Typen darbieten.

I.
Stellung des Wagens und der Pferde ohne Rücksicht auf Nike und Wagenlenker.

Die älteste*) [vor 485] Darstellung eines Viergespannes auf sicilischen Münzen erscheint auf denen von Syrakus. Sie zeigen das nach rechts gehende Gespann auf der Hauptseite. Die Stellung der vier Pferde ist eine derartige, dass das erste Pferd vollständig, von dem dritten nur ein Teil

---

*) Die Zeitbestimmungen sind nach der Classification von Head gegeben.

des Halses und des Kopfes und die vier Füsse gesehen werden. Das zweite und das vierte sind im Profil durch einen Teil des Kopfes und durch Linien, die um die Füsse des ersten und dritten Pferdes sichtbar sind, angedeutet.

Vs. Viergespann n. r.
Rs. Quadratum incusum, in der Mitte dessen ein n. l gewendeter weiblicher Kopf:
Cat. „Sicily" S. 145; 1—2 und Head; „Coinage of Syracuse" Taf. I; 2.

Einige Jahre später, und in Syrakus, in der Zeit des Gelon, kommt das Viergespann auf der Rückseite zur Darstellung. Es sind wieder nur 2 Pferde gegeben, die anderen 2 nur durch Linien angedeutet. Die Beispiele hiervon gehören mehreren Städten an.

a) Rs.*) Viergespann n. r., Nike n. r. die Pferde krönend:
Syrakus [485—478]: Cat. „Sicily" S. 146; 4 ff.

b) Rs. Viergespann n. r., Nike n. r. die Pferde krönend:
Gela [vor 479]; Cat. „Sicily" S. 65; 3.

c) Rs. Viergespann n. r., Nike die Pferde krönend:
Leontini [vor 479] Cat. „Sicily" S. 86; 1 ff.

Etwas später [480—479] tritt in Syrakus eine Aenderung ein; es werden drei Köpfe der Pferde sichtbar, [Cat. „Sicily" S. 153; 63 ff. und Head; Coin. of Syrac. Taf. I; 10]. Aus derselben Zeit sind noch einige Münzen von Leontini, die dieselbe Stellung der Pferde zeigen [Cat. „Sicily" S. 87; 10—11]. Man möchte vielleicht annehmen, dass man Schritt für Schritt, von der Ausführung der 2 Pferde zu der von 3 und dann zu der Ausführung der 4 Pferde gegangen ist; dies ist aber nicht der Fall. Diese Demaretischen Münzen von Syrakus, sowie diejenigen von Leontini sind als Aus-

---

*) Da es wohl nicht nötig ist die beiden Seiten der Münzen zu geben, werden wir uns auf die eine beschränken.

nahme zu bezeichnen; denn in der etwas späteren Zeit kommt wieder die alte typische Darstellung von nur 2 Pferden bei einem Viergespanne. Diese Entwickelung ist sehr klar und deutlich, wenn man z. B. Nr. 10 auf Seite 153 des Catalogs mit den Münzen der folgenden Seiten, die jüngerer Zeit angehören, oder Taf. I mit II und III von Head: „Coin. of Syrac." vergleicht.

In der Zeit nach 479 [479—412] sind, wie man mit Bestimmtheit sagen kann, nur 2 Pferde dargestellt, und dies ist nicht nur in Syrakus zu beobachten, sondern überall in Sicilien, [siehe die Münzen von Gela: Cat. „Sicily" S. 69--72, oder die von Catana: Cat „Sicily" S. 43—45, etc.]

Nach 412 ungefähr tritt eine grosse Veränderung ein: der Wagen wird etwas von vorne aufgefasst, wodurch das Perspectivische gehoben wird, und es gelangt ausserdem an den Wagen das zweite Rad zur Ausführung, was bis dahin nicht der Fall war. Damit ist nun die Möglichkeit zur vollen künstlerischen Entwickelung erreicht. Beispiele davon sind überall in Sicilien zu beobachten:

    a) Rs. Viergespann n. l. oder n. r., alle vier Pferde sind sichtbar; Nike den Wagenlenker oder die Pferde krönend:

Syrakus [nach 412]: Head: Coin. of Syrac. Taf. III; 12, 13 ff. und Taf. IV und V.

    b) Rs. Viergespann n. r. oder n. l., oberhalb des Wagens ein Adler mit einer Schlange in den Krallen:

Gela [nach 412]: Cat. „Sicily" S. 72.

    c) Rs. Viergespann n. l., Nike den Wagenlenker krönend:

Catana [nach 412]: Cat. „Sicily" S. 45; 27 und S. 46 ff.

    d) Rs. Viergespann n. r., Nike den Wagenlenker oder die Pferde krönend:

Camarina [nach 412]: Cat. „Sicily" S. 34; 8 ff.

Damit habe ich die Hauptbeispiele erwähnt und ich glaube, es ist nicht nötig, noch weitere zu geben. Siehe in dieser Beziehung noch Gardner: „Sicilian Studies" in Numismat. Chron. N. S. XVI S. 1—44.

In derselben Weise hat sich das Zweigespann auf den Münzen von Messana entwickelt. In der ganzen archäischen Zeit, also vor 479 und dann in der Zeit nach 479 bis 412 ungefähr, ist nur ein Maultier, [die Wagen sind hier mit Maultieren bespannt] sichtbar. Erst nach 412 werden beide Maultiere gesehen, indem der Wagen mehr von vorne dargestellt ist: Cat. „Sicily" 100—105.

II.
Stellung des Wagens in Zusammenhang mit derjenigen der Nike.

1. Die ältesten Münzen zeigen keine Nike oberhalb des Gespannes und dieses Gespann geht immer von links nach rechts:

    a) Vs. Viergespann n. r.; keine Nike.

Syrakus [vor 485]: Cat. „Sicily" S. 145; 1—2, und Head: Coin. of Syrac. Taf. I; 1.

    b) Vs. Viergespann n. r.; Nike fehlt.

Enna [vor 479]: Cat. „Sicily" S. 58, 1.

    c) Rs. Viergespann n. r.; keine Nike oberhalb des Gespannes.

Catana [479]: Cat. „Sicily" S. 43; 17—20.

    d) Rs. Zweigespann n. r ; die Nike fehlt.

Messana [vor 479]: Cat. „Sicily" S. 100; 11—15.

2. Einige Jahre später, und in Syrakus zwischen 485 und 478, erscheint die Nike. In diesem Fall aber geht im Anfang das Gespann nach rechts und die Nike krönt immer die Pferde, indem sie gleichfalls nach rechts fliegt:

    a) Rs. Viergespann n. r.; Nike n. r. die Pferde krönend:

Syrakus [485—478]: Cat. „Sicily" S. 146; 4, 9, 10 ff.
Siehe auch Head: Coin. of Syrac. Taf. I; 3 ff.
b) Rs. Zweigespann n. r., Nike n. r. die Pferde krönend:
Messana [vor 479]: Cat. „Sicily" S. 100; 16 ff.
c) Rs. Viergespann n. r., Nike n. r. die Pferde krönend:
Gela [vor 479]: Cat. „Sicily" S. 65; 3 ff.
d) Rs. Viergespann n. r., Nike n. r. die Pferde krönend;
Catana [479]: Cat „Sicily" S. 44; 24.

3. Zwischen 479 und 412 bleibt der ältere Typus; es kommen aber Beispiele vor, wo das Gespann nach rechts geht, und Nike den Wagenlenker krönt, indem sie nach links fliegt:
    a) Rs. Viergespann n. r., Nike n. l. den Wagenlenker krönend.
Syrakus [479—466]: Head: Coin. of Syrac. Taf. II; 6.
    b) Rs. Viergespann n. r., Nike n. l. fliegend den Wagenlenker krönend.
Catana: Cat. „Sicily" S. 45; 25—26. Siehe über diese Rückseite noch Himera; Cat. „Sicily" S. 79. In der Blütezeit der Kunst findet man mehrere solche Beispiele.

4. Am Ende dieser Periode, also etwas vor 412 und in der Blütezeit der Kunst, kommen die nach links fahrenden Wagen. Der Wagen fährt nach links, und da die Nike immer den Wagenlenker krönt, so fliegt sie immer nach rechts.

Beispiele davon sind in ganz Sicilien zu beobachten, ich gebe hier einige:
    a) Rs. Viergespann n. l., Nike n. r. den Wagenlenker krönend.
Syrakus: Head: Coin. of Syrac. Taf. III; 12—16. Taf IV; 5 ff. Taf. V; 1—8. Siehe auch Cat. „Sicily" von S. 164 Nr. 140 an.

b) Rs. Viergespann n. l., Nike n. r. fliegend den Wagenlenker krönend.
Catana: Cat. „Sicily" S. 45; 27—23 und S. 48; 35.
c) Rs. Viergespann n. l., Nike n. r. den Wagenlenker krönend.
Camarina: Cat. „Sicily" S. 34; 8—13.
d) Rs. Zweigespann n. l., Nike n. r. den Wagenlenker krönend.
Messana: Cat. „Sicily" S. 104; 48—57.

Ich kenne aus der Blütezeit der Kunst [nach 412] keine Ausnahme von dieser Regel [Nr. 4], so dass man mit Bestimmtheit für diese Zeit sagen kann: Wenn der Wagen nach links fährt, so fliegt die Nike nach rechts und krönt den Wagenlenker.

Aus der Zeit etwas vor 412, also aus der Uebergangsperiode, kenne ich eine einzige Ausnahme auf einigen Münzen von Gela:

Rs. Viergespann n. links, Nike n. links die Pferde krönend.
Gela: Cat. „Sicily" S. 70; 47—50.

Ich betone zum Schluss noch einmal, dass die Gespanne, die nach links fahren, aus jüngerer Zeit sind, meistens nach 412, aber dass doch einige vor dieser Periode vorkommen. Aber die Nike krönt stets den Wagenlenker, fliegt also nach rechts; so in Syrakus z. B. [485—478] und Himera [479—412]. Siehe Cat. „Sicily" S. 146: 7—8 und S. 78; 31.

Ueber die Verschiedenheit in der Darstellung der Nike selbst, siehe Dr. Imhoof-Blumer: „Die Flügelgestaltung der Athene und Nike auf Münzen" in Wiener Nnmismat. Zeitschrift III. 1871.

III.
Der Wagenlenker.

1. Ob menschlich oder göttlich.
A. Menschliche Gestalten.

Im allgemeinen ist der Wagenlenker eine menschliche Gestalt. Wenn er menschlich ist, ist er gewöhnlich männlich und in diesem Fall bärtig oder unbärtig. Chronologisch die bärtigen von den unbärtigen zu unterscheiden, ist wohl nicht möglich, da es wohl häufig wegen der Kleinheit der Köpfe nicht sicher zu unterscheiden ist, und ausserdem derselbe Wagenlenker in derselben Periode, manchmal bärtig, manchmal unbärtig erscheint, siehe z. B. Cat. „Sicily" S. 67; 14, wo er bärtig ist, und vergleiche mit Nr. 15, wo er unbärtig erscheint.

Neben den männlichen giebt es auch weibliche Gestalten, die als Wagenlenker dargestellt sind. Sie erscheinen häufiger in der Blütezeit der Kunst, wohl aber auch in der Uebergangsperiode zwischen der archäischen und der guten Zeit der Kunst. Einige Beispiele führe ich hier an:

    a) Rs. Zweigespann n. r., weiblicher Wagenlenker [Nymphe Messana].

Messana [479—412]: Cat. „Sicily" S. 102; 35. Siehe noch mehrere Beispiele von Messana aus der Zeit nach 412: Cat. S. 104; 48, S. 105; 53—55, S. 106; 66—67.

    b) Rs. Viergespann n. r. gespannt, von einer weiblichen Gestalt mit Speer und Schild gelenkt.

Catana [412—345]: Cat. „Sicily" S. 49; 42.

Es ist sehr wahrscheinlich, dass diese Gestalt, obwohl ohne Helm, Athene ist, denn sonst sind bewaffnete Wagenlenker unbekannt. Ich führe sie hier an, weil sie überall als unbestimmte weibliche Gestalt beschrieben ist.

    c) Rs. Viergespann n. r., weiblicher Wagenlenker.

Agnigent [412—345]: Cat. „Sicily" S. 10; 57.

d) Rs. Viergespann n. r. oder n. l., der Wagenlenker ist weiblich.

Syrakus [412—345]: Cat. „Sicily" S. 166; 151. Siehe noch folgende Beispiele von Syrakus aus derselben Zeit: Cat. S. 168; 158 ff. Cat. S. 173; 190 und S. 180 Nr. 224.

B. Häufiger kommen auch Götter als Wagenlenker vor.

a) Das älteste Beispiel einer einen Wagen lenkenden Gottheit ist das der Demeter auf den Münzen von Enna:

Vs. Viergespann n. r., Demeter lenkend und Zügel und Fackel in den Händen haltend.

Enna [479—412]: Cat. „Sicily" S. 58; 1. Siehe auch mehrere Beispiele aus jüngerer Zeit [nach 412] in Segesta: Cat. „Sicily" S. 134; 33—34, Luynes: Choix de Médailles VII; 8. Noch einige Beispiele findet man in Syrakus: Cat. „Sicily" S. 168; 158—162.

Es ist möglich, dass diese Darstellung der Demeter nicht agonistisch ist, sondern die Göttin gemeint ist, wie sie ihre Tochter Persephone sucht. Doch weil diese Darstellung eine grosse Aehnlichkeit hat mit derjenigen von Syrakus, wo die Demeter als Siegerin im Wettrennen durch die Nike, die sie krönt, charakterisirt ist, [Cat. „Sicily" S. 168; 158], [vgl. auch mit den Münzen von Segesta, siehe noch Imhoof-Blumer: Die Flügelgest. d. Athena u. Nike S. 12] kann man auch diese für agonistisch erklären.

b) Athene erscheint als Wagenlenkerin auf Münzen von Kamarina:

Rs. Viergespann n. l. oder n. r., Athene mit langem Chiton bekleidet und Helm auf dem Kopfe, ohne Speer, die Zügel in den beiden Händen und das Kentron in der Rechten haltend, als Lenkerin.

Camarina [412—345]: Cat. „Sicily" S. 35; 13—16. Eine Variante ist, dass Athene die Aegis hat; siehe Nr. 11 und 12, oder dass sie ohne Kentron ist: Nr. 8—11.

c) Die Nike, Sieg bedeutend, war als Wagenlenkerin

auf Siegesgespannen sehr passend, deshalb kommt sie häufig in dieser Handlung vor:

α) Rs. Viergespann n. l. oder n. r., Nike als Lenkerin.
Agrigent [412—345]: Cat. „Sicily" S. 10; 55, 56, 58.

β) Rs. Viergespann n. r., gelenkt von einer Nike.
Solus [412—345]; Cat. „Sicily" S. 142; 44 und 45.

γ) Rs. Viergespann n. r., Nike als Wagenlenkerin.
Gela [412—345]: Cat. „Sicily" S. 71; 54 oder S. 72; 57—58.

δ) Rs. Viergespann n. r., von Nike gelenkt, halb bekleidet, mit Zügel und Kentron in den Händen.
Syrakus [Hiketas 287—278]: Cat. „Sicily" S. 200; 430—436. Head; X: 2. Siehe mehrere Beispiele im Cat. „Sicily" S. 201; 436 Nike ganz bekleidet, S. 210; 525 halb bekleidet, Nr. 526 mit langem Chiton, siehe noch S. 216; 578 und S. 222; 650 etc.

d) Eine geflügelte, nackte männliche Gestalt [Windgott?] ist manchmal als Wagenlenker dargestellt.

Rs. Viergespann n. r., von einer jugendlichen, männlichen Gestalt mit Flügeln gelenkt; Nike n. l. den Wagenlenker krönend.

Syrakus [Tetradrachme von Eumenos]: Cat. „Sicily" S. 167; 152—153. Siehe noch Raoul-Rochette: Lettre au duc de Luynes Taf. II; 16 und Luynes: Choix. Taf. VII; 14.

2. Die Bekleidung des Wagenlenkers ist verschieden. Im allgemeinen erscheint er mit langem Chiton bekleidet; diese typische Form ist von der ältesten Zeit bis in die späteste zu beobachten. Ich gebe hier aus jeder Periode ein Beispiel.

a) Vs. Viergespann n. r., Wagenlenker mit langem Chiton bekleidet.
Syrakus [vor 485]: Cat. „Sicily" S. 145; 1.

b) Rs. Viergespann n. r., Wagenlenker mit langem Chiton.
Gela [vor 479]: Cat. „Sicily" S. 45; 3.

c) Rs. Viergespann n. r., Wagenlenker mit langem Chiton.

Himera [479—412]: Cat. „Sicily" S. 78; 31.

d) Rs. Wagen n. l., Wagenlenker mit langem Chiton bekleidet.

Catana [412—345]: Cat. „Sicily" 47, 32.

e) Rs. Viergespann n. l., mit langem Chiton bekleideter Wagenlenker.

Syrakus [nach 345]: Cat. „Sicily" S. 192; 346.

Folgende Ausnahmen kenne ich von diesem Typus:

f) Mit Mantel bekleidet, so dass die rechte Schulter und der rechte Arm frei gelassen sind:

Rs. Viergespann n. r., Nike n. l., Wagenlenker mit der rechten Brust und dem entsprechenden Arm frei.

Leontini [479—412]: Cat. „Sicily" S. 84; 10—11.

g) Mit Chiton und Chlamys bekleidet:

Rs. Zweigespann n. l., weiblicher Wagenlenker mit langem Chiton und Chlamys bekleidet.

Messana [412—345]: Cat. „Sicily" S. 105; 55.

h) Mit fliegender Chlamys bekleideter Wagenlenker:

Rs. Viergespann n. r., Wagenlenker weiblich mit fliegender Chlamys.

Messana [479—412]: Cat. „Sicily" 102; 35.

i) Halb bekleidet.

Rs. Viergespann n. r., Wagenlenker eine Nike halb bekleidet.

Syrakus [287—278]: Cat. „Sicily" 200; 430. Siehe noch ein schönes Decadrachmon des Hieron [275—216] von Syrakus: Cat. S. 210; 525.

j) Nackt.

Rs. Viergespann, der Wagenlenker stellt eine geflügelte Gestalt dar und ist nackt.

Syrakus [Tetradr. von Eumenos]: Cat. „Sicily" S. 167; 152—153.

3. **Haltung des Wagenlenkers.** Gewöhnlich steht der Wagenlenker, doch findet man von der ältesten Zeit an auch sitzende Wagenlenker, so z. B. :

Rs. Viergespann, der Wagenlenker sitzt auf einem Sitze, welcher oberhalb der Axe angebracht ist. Messana [479—412]: Cat. „Sicily" S. 100; 16. Es ist immerhin zu bemerken, dass die sitzenden Wagenlenker selten sind.

4. In der Beschäftigung des Wagenlenkers selbst sind folgende Varianten zu beobachten:
Wagen, die nach rechts gehen.
a) Gespann n. r., Wagenlenker ohne Kentron, Zügel in den beiden Händen.

Syrakus [vor 485]: Cat. „Sicily" S. 145; 1—2. Aus der jüngeren Zeit giebt es viele Beispiele, so in Messana [476]: Cat. „Sicily" S. 101; 25 ff., in Agrigent [412—345]: Cat. S. 10; 57, in Katana [412—345]: Cat. 45; 25, in Himera [412—345]: Cat. S. 81; 48 etc.

b) Gespann nach rechts, Wagenlenker mit Kentron in der Linken und Zügel in den beiden Händen:
Syrakus [485—478]: Cat. „Sicily" S. 146; 4. Siehe Beispiele jüngerer Zeit S. 147.

c) Gespann nach rechts, Wagenlenker mit Kentron in der Rechten und Zügel in der linken Hand;
Syrakus [485—478]: Cat. S. 148; 22 ff. — Aehnliche Wagenlenker sind in Gela [vor 479]: Cat. S. 65; 3, jüngerer Zeit in Katana [412—345]: Cat. „Sicily" S. 36; 15, etc.

d) Gespann nach rechts, Wagenlenker mit Kentron in der Rechten und Zügel in den beiden Händen:
Leontini [vor 479]; Cat. „Sicily" S. 86; 1 ff. Jüngerer Zeit noch in Katana [479—412]: Cat. S. 43; 17, in Himera [479—412]: Cat. „Sicily" 79; 34, in Kamarina [412—345]; Cat. S. 35; 13—14, in Agrigent [412—345]: Cat. 9; 53.

Ausser diesen häufigen Beispielen findet man noch:
  e) Gespann n. r., Wagenlenker mit den Zügeln in der linken Hand, auf die Rechte gestützt:

Solus [412—345]: Cat. „Sicily" S. 142; 44—45.

Ich bemerke hier noch 2 auffällige Beispiele:
  g) Viergespann n. r., Wagenlenker die Zügel und das Kentron haltend; die Zügel des hintersten Pferdes zerrissen und auf dem Boden schleifend.

Syrakus [Tetradr. von Eumenos und Euainetos]: Cat. 166; 148—151.

  h) Viergespann n. r., Wagenlenker hält Kentron in der Rechten und Zügel in den beiden Händen; der Zügel des nächsten Pferdes ist an die Vorderwand des Wagens gebunden:

Syrakus [405—345]: Head: Coin. of Syrac. Taf. V; 2. Cat. „Sicily" S. 179; 219.

Es sind beides malerische Gedanken jüngerer Zeit. — Auch als Ausnahme ist das folgende Beispiel zu bezeichnen:
  i) Viergespann n. r., Nike n. r., Wagenlenker zurückschauend.

Gela: Luynes: Choix d. Médail. Taf. VI; 5.

Wagen, die nach links gehen.
  j) Gespann n. l., Wagenlenker mit Kentron in der Rechten und Zügel in den beiden Händen:

Syrakus [485—478]: Cat. „Sicily" S. 146; 7—8. Jüngere Beispiele sieht man in Gela [479—412]: Cat. S. 70; 45 ff., siehe noch S. 72; 59 [412—345].

  k) Gespann n. l., Wagenlenker mit Kentron in der Linken und Zügel in den beiden Händen:

Agnigent [412—345]: Cat. „Sicily" S. 11; 58.

  l) Gespann n. l., Wagenlenker mit Kentron in der Rechten und Zügel in der Linken:

Agnigent [412—345]: Cat. S. 10; 55—56. Siehe noch mehrere schöne Decadrachmen von Syrakus: Cat. S. 176; 201 und S. 171; 175 etc.

m) Gespann n. l., Wagenlenker ohne Kentron, Zügel in den beiden Händen:

Kamarina [412—345]: Cat. S. 34; 8—12. Siehe noch Katana: Cat. S. 46; 30 ff.

Aus den bis jetzt erwähnten Beobachtungen wird es klar, dass man kein Beispiel finden kann, wo der Wagen nach rechts fährt, der Wagenlenker das Kentron in der Linken und die Zügel in der Rechten hält. Und ebenso hält der Wagenlenker, wenn der Wagen nach links gerichtet ist, nie das Kentron in der Linken und die Zügel in der Rechten. Dadurch wird es verständlich, wie weit sich die Künstler an die natürliche Beobachtung der Dinge angelehnt haben, denn ob der Wagen nach rechts oder nach links gerichtet ist, der Wagenlenker treibt die Pferde immer mit der rechten Hand an und hält die Zügel in der Linken.

IV.

Gegenstände, die neben dem Wagen dargestellt, auf agonistische Spiele hinweisen oder doch in Verbindung mit dem Wagen oder Wagenlenker stehen.

1. Stehende Säule mit ionischem Kapitäl als Endpunkt der Laufbahn.

Gela [vor 479]: Cat. „Sicily" S. 66; 10—15. Siehe noch Panormus [412—345]: Cat. „Sicily", S. 246; 5, wo die Säule vor den Pferden steht.

2. Liegende Säule als Endpunkt der Laufbahn:

Syrakus [405—345]: Head: Coin. of Syrac. Taf. IV; 9. Numism. Chron. N. S. XIV. Taf. IV. Cat. „Sicily" S. 177; 208.

3. Olivenkranz oberhalb des Wagens:

Gela [479—412]: Cat. „Sicily" S. 70; 45—46. Siehe aus jüngerer Zeit [412—345] noch ein Beispiel: Cat. S. 71; 54.

4. Wagenrad unter dem Wagen liegend:

Syrakus [405—345]: Head: Coin of Syrac. Taf. IV; 4. Cat. „Sycily" S. 173; 190.

5. Als Siegespreis ist die Rüstung neben dem Wagen auf einigen Syrakusanischen Münzen dargestellt. Es ist zu beobachten, dass diese Rüstung, als Preis eines friedlichen Wettkampfes, nur defensiv ist: Schild, Beinschiene, Panzer und Helm. Dabei manchmal die Inschrift ΑΘΛΑ. Syrakus [Enainetos]: Cat. „Sicily" S. 171; 173 ff. und S. 175; 200. Siehe noch S. 176; 201—206 [Dekadr. von Kimon]. Head: Coin. of Syrac. Taf. IV; 6 und 7.

Ich habe hier diese beiden Gegenstände [Nr. 4 und 5] nicht als agonistisch angeführt, weil doch der erste in Verbindung mit dem Wagen steht, und der zweite mit dem Wagenlenker, was bei den anderen Gegenständen, wie Delphin, Löwe, Scylla etc. nicht der Fall ist.

Von den anderen Gegenständen, die neben dem Wagen dargestellt, mit dem Wagen selbst oder mit dem Sieg nichts zu thun haben, glaube ich keine Beispiele geben zu müssen.

V.
Andere Siegesdarstellungen.

Ich sagte im Anfang, dass der Begriff der Nike Sieg ist. Diese Bedeutung ist natürlicher Weise, unabhängig von der Erscheinung des Wettgespannes. Wir müssen also auch die anderen Darstellungen der Nike in Betracht ziehen. Gerade wie die Nike einen Wagenlenker krönt, krönt sie z. B. einen Reiter, oder einen Flussgott oder eine Nymphe. Es ist also natürlich anzunehmen, dass alle diese Darstellungen denselben Ursprung haben und dass gerade wie die Wettgespanne, auch die anderen ähnlichen Darstellungen sich auf Agonistik beziehen. Wenn dieses die Richtung der Darstellungen eines Sieges auf den Sicilischen Münzen ist, dann ist auch die Darstellung der Nike allein an diese agonistischen Spiele anzuknüpfen, umsomehr da diese Nikedarstellungen eine sehr grosse Aehnlichkeit haben mit denen der Nike neben den Gespannen und mit den Darstellungen der Nike auf den Münzen von Olympia, die den olympischen Spielen ihre Existenz zu verdanken haben und welche sehr wahrscheinlich, die Urbilder der sicilischen Darstellungen sind [siehe Imhoof-Blumer; „Die Flügelgestalten der Athene und Nike" S. 24—25].

A. Nike andere Figuren bekränzend:

1. Geflügelte Nike nach rechts fliegend, einen Stier mit menschlichem bärtigen Kopfe bekränzend.

Katana [vor 479]: Cat. „Sicily" S. 42; 6. Luynes; „Choix" Taf. VI.; 4. Siehe noch Münzen aus Gela: Mus. Hunter, Taf. XXVIII; 4 und Torremazza I, Taf. IV, 1.

In diesem Falle sind die Flussgötter als Landesgottheiten dargestellt [siehe weiter Cap. „Flussgötter"].

2. Ungeflügelte Nike stehend und den Vorderteil eines Stieres mit menschlichem Gesichte bekränzend:

Tetradr. aus Gela: Streber; „Ueber den Stier" Taf. Nr. 6 [Abhandl. der Akademie 1838].

3. Nike einen Reiter bekränzend:

Syrakus [479—412]: Cat. „Sicily" S. 155.

4. Nike eine libirende weibliche Gestalt [Nymphe] bekränzend.

Segesta: A. Selinas, Periodico, Fir. 1870 Taf. I; 1.

Die Nymphe ist hier als Staatsgöttin dargestellt [siehe Capit. Nymphen].

5. Ein springendes oder ruhendes Pferd:

Punisch-Sicilische Tetradrachme: Müller; Numismatique de l'Afrique II S. 74—78; 2, 4, 7, 28, 33.

6. Einige Kupfermünzen von Agyrium zeigen die Diana von Nike bekränzt:

Torremazza I Taf. XI; 1—3.

7. Aus der Zeit nach der Eroberung durch den Römer [212] erwähne ich hier eine Quadriga von Syrakus mit dem Agalma einer Gottheit, die in der rechten Hand eine brennende Fackel hält:

Cat. „Sicily" S. 226; 684—688. Siehe noch Head; Coin. of Syrac. Taf. XIV; 1.

Die Darstellung des Pferdes [Nr. 5] ist wohl nicht agonistisch, sie kommt durch punischen Einfluss; da ich aber eine möglichst vollständige Reihe der Darstellungen der Nike geben wollte, so habe ich auch diese erwähnt, ebenso auch Nr. 6 und Nr. 7.

B. Nike allein.

1. Nach links gehend mit Tänia, mit Fransen an den Enden, in der rechten Hand:

Katana [vor 479]: Cat. „Sicily" S. 41; 1. Luynes; „Choix" Taf. VI; 4.

2. Nach links gehend mit Kranz in der Rechten, die Linke erfasst hinten den unteren Teil des Chitons.

Katana [vor 479]: Cat. „Sicily" S. 41 13.

3. Nach links gehend mit Tänia in der Rechten und Kranz in der linken Hand:

Katana [vor 479]: Cat. „Sicily" 42; 6.

4. Ohne Atribute. Links vor ihr ein Schwan, über welchen sie nach links hinfliegt:

Kamarina [vor 479]: Cat. „Sicily" S. 33; 1—6 und Gardner; „The Types" ... Taf. II; 3.

5. Nach links schwebend mit Tänia in der Rechten und Heroldstab in der Linken:

Kamarina [412—345]: Cat. S. 37; 20.

6. Nach links schwebend mit einem mit langen gefransten Tänien geschmückten Akrostolium in der rechten Hand, die Linke erfasst den unteren Teil des Chitons:

Himera: Berlin. Blätter für Münz-, Siegel- und Wappen-Kunde, Taf. LIII; 7.

7. Auf einem Fels sitzend n. l. mit Kranz in der Rechten, mit der linken Hand sich auf den Fels stützend:

Morgantia [412—345]: Cat. „Sicily" 114; 4—6.

8. Nach rechts stehend, eine Trophäe errichtend:
Syrakus [310—287]: Cat. 195; 378. Head: „Coin of Syrak."
IX; 1—2. Die Nike hat Hammer in der Rechten und
Meissel in der linken Hand.
9. Nach links, Kranz und Palme haltend:
Mamertini [282]: Cat. „Sicily" S. 113; 44—46 und
S. 112; 41. Siehe noch Katana [275]: Cat. S. 53; 82.

Die Annahme, dass die zahlreichen Darstellungen von Gespannen und Siegesgöttinen auf den Münzen Siciliens auf agonistische Siege zu beziehen sind, findet eine weitere Bestätigung, wenn wir den Blick auf andere Gegenden lenken.

Während diese Erscheinung agonistischer Darstellungen in Sicilien herrscht, finden wir in Nordgriechenland vom VI. Jahrhundert v. Chr. an, bis in die Mitte des IV. kein Beispiel. Das Wettgespann fehlt in dieser Periode in Thessalien und Thracien ganz. Auch in Macedonien ist das Gespann nicht zu sehen, ausgenommen eine Münze von Olynthus aus dem fünften Jahrhundert v. Chr.:

> Vs. Viergespann n. r., männlicher Wagenlenker mit Peitsche in der Rechten und Zügel in der linken Hand.
>
> Rs. Quadratum incusum; in der Mitte desselben ein nach links fliegender Adler.

Cat. „Macedonia" S. 86; 1.

Obwohl dieses Viergespann auch auf Agonistik zurückzuweisen ist [Head; Historia Numor. 184—185], ist es dennoch als eine grosse Ausnahme zu betrachten. Es ist hier ein fremder Einfluss zu erkennen; denn Olynthos war eine chalkidische Colonie und der Adler mit der Schlange weist auf diesen Münzen von Olynthus, sowie auf denen von Chalkis und Elis, auf olympische Spiele hin. [Hicks; Gr. inser. p. 34].

Die Nike fehlt sowohl im Zusammenhang mit anderen Darstellungen, als auch als selbständiger Typus in Nordgriechenland ganz. Von der ältesten Zeit, also vom Ende des VI. Jahrhunderts an, bis in die Zeit Alexander's finden wir keine einzige Ausnahme. Nach dieser Zeit kommt die Nike häufiger vor, ich habe aber nicht die Absicht Beispiele zu geben, da ich die sicilische Prägung von der ältesten Zeit bis um 345 ungefähr vor Augen habe; denn nach dieser Periode ist dieselbe nicht mehr rein sicilisch. Siehe ausserdem eine Reihe von Beispielen bei Dr. Imhoof-Blumer: „Die Flügelgestalten der Athene und Nike" S. 28—41.

Gehen wir zu dem Peloponnes über, so finden wir bis in der Zeit des IV. Jahrhundert v. Chr. kein einziges Beispiel eines Wettgespannes und aus der Mitte des IV. Jahrhunderts kenne ich nur einige Münzen von Kyrene, die ein Gespann tragen und die sogar die Nike als Wagenlenkerin dargestellt haben; Siehe ein Beispiel davon bei Gardner; The Types... IX; 35.

Die Nike dagegen kommt von der ältesten Zeit an in Elis vor. Diese Erscheinung der Nike bezieht sich mit Sicherheit auf olympische Spiele. [Siehe Imhoof-Blumer a. a. O.] Dass die älteste Erscheinung der Nike auf den Münzen von Elis älter ist, als die ältesten Beispiele einer Nike auf den Münzen von Sicilien, scheint aus der Art der Ausführung ziemlich sicher zu sein. Diese Darstellung des Sieges in Elis verschwindet nach und nach, sie wird durch andere Sinnbilder verdrängt, während dieselbe in Sicilien lange Zeit, bis in die letzte Prägungs-Periode, beibehalten wurde.

VI.

Wie die agonistischen Darstellungen auf den sicilischen Münzen so unendlich reich vertreten sind, so sind auch die Personificationen, die Verkörperungen verschiedener Kräfte der Natur in Gestalt der Flussgötter, Nymphen und dann der Satyrn sehr zahlreich. Ein directer und unbemerkbarer Uebergang von den agonistischen Darstellungen zu diesen Naturpersonificationen ist wohl nicht vorhanden. Diese beiden

Gruppen bilden aber eine Einheit und diese Einheit ist „die sicilische Prägung", oder besser gesagt, diese beiden Gruppen von Darstellungen berühren sich in dem Begriffe — „der Richtung der Prägung in Sicilien"—.

Ich werde hier mit den Flussgöttern anfangen, dann zu den Nymphen und endlich zu den Satyrn übergehen. Die Erscheinung der Flussgötter, sowohl der Stiere mit menschlichem Gesichte, als auch der ganz menschlich Dargestellten ist auf den sicilischen Münzen sehr verbreitet: Agyrium, Alontium, Katana, Gela, Himera, Megara, Selinus, Tauromenium etc., zeigen eine ganze Reihe von Flussgöttern. Die Bildnisse des Stieres mit menschlichem Gesichte wurden lange Zeit nicht als Darstellung eines Flussgottes anerkannt. Man meinte, es sei Minotaurus oder ein Bild Neptun's, oder der Jungfrauenräuber Jupiter, oder es beziehe sich nur auf Agricultur, oder endlich, es sei ein Bild des Dionysos. Es ist zu bemerken, dass unter vielen anderen einer der grössten Numismatiker, der berühmte Eckhel [Doctrina Numor. veter. I S. 129 ff.], in dieser Gestalt den Dionysos zu sehen meinte. Aber schon von dem Anfange dieser Forschungen an gab es Gelehrte, die der Meinung waren, dass der Stier mit dem menschlichen Gesichte das Sinnbild eines Flusses sei, so z. B. Toremazza [Siciliae veteres nummi S. 10 ff.] und Siciliae inscriptiones, prolegommena S. XXVI, Ottfried Müller [vgl. Handbuch der Archäologie der Kunst 1830 S. 549], dann Burmann d'Orville, Sicula edidit P. Burmann secundus S. 390], Ignarra [De Palaestra neapol. S. 232], Neumann [Nummi veteres inediti II S. 116], endlich Millingen [Recueil de médailles grecques 1812 S. 7 ff.] und „Transations of the royal society of literature" I S. 142 und II S. 95 etc.

Der Meinung, dass der Stiermensch auf den sicilischen Münzen Dionysos sei, ist auch Streber [„über den Stier auf unteritalischen und sicilischen Münzen" in Abhandl. der berlin. Akad. Philol.-Philosoph. Classe 1835 und 1836].

Durch das Zeugniss antiker Schriftsteller ist es gesichert,

dass Achelous als Stier mit menschlichem Antlitze abgebildet wurde; so sagt Strabo: "Ταύρῳ μέν ἐοικόλα λέγεσθαι τὸν Ἀχαχῶον φασι". Er sei ebenso so wohl als Stier wie auch als Stier mit menschlichem Gesichte dargestellt worden, "ἐναργής ταῦρος" oder" ἄλλοτ' ἀνδρείῳ τύπῳ βούκρανος". Es ist aber wohl völlig grundlos zu behaupten, dass nur Achelous so dargestellt wurde, weil er ein besonders heiliger Fluss war, da man in vielen Orten den Göttern nur mit seinem Wasser opfern konnte und das Orakel von Dadona, wenn es befragt wurde, gewöhnlich beifügte, man sollte zuerst dem Achelous opfern, so dass sein Name gewissermassen gleichbedeutend war mit dem Wasserelement, dem Wasser überhaupt, und weil die Schriftsteller in dieser Beziehung nichts von den andern Flüssen erwähnen, wie Streber thut.

Ferner behauptet Streber, dass man nur neben den Flüssen mit menschlicher Gestalt, den Namen des betreffenden Flusses findet und dass es neben dem Stiere mit menschlichem Gesichte nie der Fall sei. Allein dies entspricht den Thatsachen nicht. Es ist vollständig genug ein Beispiel zu geben, die Münzen von Gela. Diese Münzen zeigen von der ältesten Zeit an auf der Hauptseite oder manchmal auf der Rückseite einen schwimmenden Stier mit menschlichem, bärtigen Kopf, dabei sieht man immer den Namen Γέλας oder auch Γέλα. Was bedeutet nun dieser Name? Ist es der Name der Stadt Gela oder des Flusses Gelas? Die Stadt hies Γέλα-ας (ἡ) der Name des Flusses war Γέλας-α (ὁ). Der Name Γέλας der häufiger zu finden ist, kann also entweder der Name der Stadt im Genitiv oder der des Flusses im Nominativ sein. Der Name Γέλα kann entweder der Name der Stadt im Nominativ sein oder der des Flusses im Genitiv. Beide: der Nominativ sowohl, wie der Genitiv des Gelas passen für den Fluss sehr gut, dagegen die anderen beiden: der Genitiv oder der Nominativ der Stadt sind auf Münzen unmöglich. Wenn jemand sich von dieser Wahrheit noch besser überzeugen will, darf er nur die folgenden Münzen betrachten, die häufig in Gela vorkommen [Cat. „Sicily" S. 72]:

Vs. Schwimmender Stier mit menschlichem, bärtigem Kopfe, daneben die Inschrift Γέλας.
Rs. Viergespann n. r. oder n. l., daneben die Inschrift: oder Γελωιο Γελωιων.

Es ist also Thatsache, dass der Name Γέλας nur der des Flusses sein kann; denn der Name, der den Ursprung der Münze bezeichnet, ist wie gewöhnlich auf allen Münzen in dem Genitiv pluralis der Einwohner [Γελῷοι-ων] gegeben. Ich bemerke nebenbei, dass der Name des Flusses allein genügte, um den Ursprung der Münzen zu bezeichnen, denn die Stadt hatte den Namen von dem Flusse und dass der Name Γελωιων allerdings nur auf den späteren Münzen, die nach der Mitte des IV. Jahrhunderts geprägt wurden, sich findet. Es ist das also der beste Beweis dafür, dass der Stier mit dem menschlichen bärtigen Kopfe auf den Münzen von Gela keineswegs den Dionysos darstellt, wie Streber glaubt, sondern den Flussgott.

Streber sagt weiter, dass es nicht möglich wäre, dass auf den sicilischen Münzen nur Bildungen von Flüssen und abermals von Flüssen dargestellt worden sein sollten; denn was sollte die Bewohner von Grossgriechenland bewogen haben, in dem Bilden des Gegenstandes so ungemein redselig und freigebig zu sein und alle anderen Gegenstände des Glaubens, des Cultus und der Tradition, an denen doch alle übrigen Schwesterstädte im eigentlichen Griechenlande und in Kleinasien so reich sind, gänzlich in den Hintergrund treten zu lassen? Es ist aber gerade an der sicilischen Prägung zu bemerken, dass hier die olympischen Gottheiten sehr in den Hintergrund treten. Mit Ausnahme von Dionysos und Demeter oder Persephone, die mehr in Beziehung mit der Natur stehen und dann mit Ausnahme von Apollo, finden wir Darstellungen olympischer Gottheiten bis in die Mitte des IV. Jahrhunderts seltener. Aus der archäischen Periode kenne ich nur 2 Beispiele olympischer Gottheiten auf Münzen: Einen thronenden Zeus auf einer Münze von Galaria oder

Galarina [Cat. „Sicily" S. 64] und eine Pallas n. r. mit Speer in der Rechten und Schild daneben, den Kopf durch einen Helm bedeckt aus Kamarina [Cat. „Sicily" S. 33].

Aus der Uebergangsperiode [479—412] kenne ich nur eine Aphrodite auf den Münzen von Eryx [Cat. „Sicily" S. 62]. Zwischen 412 und 345 kenne ich folgende: den Kopf der Hera auf einer Münze von Thermae [Gardner; „The Types.. Taf. VI; 36 und 39], eine stehende Pallas auf einer Münze von Himera [Cat. „Sicily" S. 81; 49], den Kopf einer Artemis und den einer Pallas auf Münzen von Morgantia [Cat. „Sicily" S. 114; 2—3 und 4—6], endlich den Kopf einer Pallas ruf einer kupfernen Münze von Aluntium [Cat. „Sicily" S. 30; 1].

Es kommen ausserdem Darstellungen vor, die ganz genreartige Auffassung haben; so ein Poseidon auf einem Felsen sitzend, mit Dreizack in der Rechten und mit einem Delphin in der Linken spielend [Panormus? Cat. „Sicily" S. 246 (479—412)]. Dann eine Aphrodite auf den Münzen von Eryx, die mit Eros spielt, indem sie ihm einen Vogel vorhält [Eryx 412—345]: Gardner; „The Types.. Taf. VI; 3] etc., Darstellungen die an die ganz ähnlichen thessalischen erinnern [Furtwaengler in den Gesammtsitz. d. berl. Akad. 20. Juni 1878 S. 449].

Es zeigt sich also, dass die olympischen Gottheiten auf den sicilischen Münzen bei weitem nicht so zahlreich vertreten sind wie andere Darstellungen.

Doch glaube ich zu meinem Zwecke zu weit ausgeholt zu haben, und gehe daher wieder zu meinem Thema über, indem ich als sicher annehme, dass die Stiere mit menschlichen, bärtigen Köpfen auf den sicilischen Münzen Personificationen der Flüsse sind [Gardner; „The Types.. S. 88].

Die Flussgötter erscheinen auf den sicilischen Münzen von der ältesten Zeit an und diese Darstellung dauert sehr lange Zeit bis nach der Eroberung Siciliens durch die Römer. Ob wir den Namen der Flussgötter bei den einzelnen Städten kennen oder nicht, wird wohl gleichgültig sein; denn diese Namen haben keinen weiteren Einfluss auf den Charakter der Münzprägung in Sicilien.

Analog der Darstellung von Satyrn und Kentauren in der griechischen Kunst waren auch die Flussgötter als Verkörperungen einer Naturkraft als Stiere mit menschlichen Köpfen aufgefasst. Indem die Künstler darnach strebten, das Wilde eines Stromes zu verkörpern, haben sie dessen rohe Kraft mit der eines wilden Stieres verglichen. Deshalb müssen diese Köpfe auch immer einen wilden Eindruck machen und daher kommt es, dass der Kopf immer einen wüsten Bart trägt, da dadurch der tierische Charakter verstärkt wird. Ich kenne auf Münzen kein einziges Beispiel von einem Flussgott mit Stiergestalt und mit menschlichem, unbärtigem Kopfe. In der späteren Zeit dagegen, wo die Flussgötter ganz menschlich dargestellt und mehr als Landesgottheiten betrachtet zu werden pflegten, kommen sie fast immer unbärtig vor.

Da, wie gesagt, die stiergestaltischen Flussgötter älter wie die ganz menschlichen sind, fange ich mit jenen an.

1. Flussgötter, die als Stier mit der Vorderhälfte des Körpers und mit menschlichem, bärtigem Kopfe dargestellt sind:
    a) Schwimmende.

Gela [vor 479]: Cat. „Sicily" S. 65—68. Aus der neueren Zeit [479—412]: Cat. S. 69—71. Aus der Blüthezeit der Kunst siehe Cat. S. 72. Aus den anderen Städten siehe: Panormus [479—412]: Cat. „Sicily" S. 121; 5. Motya [479—412]: Cat. „Sicily" S. 244; 7. Aus der jüngeren Zeit: Abacaenum [412—345]: Cat. „Sicily" S. 2; 9, Agyrium [345—275]: Cat. „Sicily" S. 25; 4, Silerae [345—275]: Cat. „Sicily" S. 239; 1.

   b) Gehende Flussgötter. Stiela [412—345]: Cat. „Sicily" S. 144; 2.

2. Flussgötter, die als Stier mit dem ganzen Körper und mit menschlichem, bärtigem Kopfe dargestellt sind:

Katana [vor 479]: Cat. „Sicily" S. 41—42, Entella [vor 479]: Cat. S. 60; 1—2, Selinus [479—412]: Cat. „Sicily" S. 142; 39—43, Agyrium [345—275]: Cat. „Sicily" S. 25; 5, Tauromenium [345—275]: Cat. „Sicily" S. 231; 16—18, Aluntium [275—212: Cat. „Sicily" S. 30: 4—6. Siehe noch Panormus? [Siculo-Punic. 412—345]: Cat. „Sicily" S. 249; 26—31.

Eine seltene Erscheinung ist:

3. Flussgott als Stier [ganze Gestalt] mit menschlichem, bärtigem Kopf, Wasser speiend aus seinem Munde: Aluntium [275—212]: Streber; „Ueber den Stier." Taf. Nr. 9. Siehe noch Cat. „Sicily" S. 30; 4—6.

VII.

Die Flussgötter, die ganz menschlich dargestellt sind, fangen in der Uebergangsperiode [479—412] an vorzukommen. Die Flussgötter-Köpfe aber kommen alle von der letzten Hälfte des V. Jahrhunderts an vor. Das einzige Beispiel, das vor dieser Periode anzuführen wäre, wäre auf einer Münze von Panormus [Cat. „Sicily" S. 121; 5] und stellt sehr wahrscheinlich nicht den Kopf eines Flussgottes vor; denn auf der Rückseite derselben Münze ist schon ein schwimmender Flussgott, in Gestalt eines Stieres mit menschlichem, bärtigem Kopfe dargestellt.

Diese Flussgötterköpfe sind fast alle unbärtig, doch findet man einige Ausnahmen, wo der Kopf bärtig ist:

Auf einigen Münzen von Gela [412—345]: Cat. „Sicily" S. 73; 60—61. Aus der jüngeren Zeit [345—275]: Cat. 73; 62, und auf einigen Münzen von Agrigent [345—275]: Cat. „Sicily" S. 14; 79.

Diese Köpfe sind charakterisirt als Flussgötter-Köpfe durch die Hörner; sie sind mit einer Tänia bekränzt, wie auf den Münzen von Agrigent, Adranum, Agyrium u. a., doch findet man auch andere Bekränzungen:

1. Mit einem Olivenkranz.

Piacus [479--412]: Cat. „Sicily" S. 130; 1.
2. Mit Weinblätter-Kranz.
Naxos [412—345]: Cat „Sicily" S. 120; 23 und 26.
3. Mit Schilfkranz.
Agrigent [345—275]: Cat. „Sicily" S. 14; 79.
Ohne Kranz.
Kamarina [412—345]: Cat. „Sicily" S. 36; 16—18.

Die Flussgötter im allgemeinen sind manchmal noch näher bestimmt durch den Namen, der dabei geschrieben steht; es giebt aber sehr viele, die keinen Namen haben.
1. Flussgötter, deren Namen gegeben werden:
   a) in Gela der Gelas.
Zuerst als Stier mit menschlichem Kopfe: Cat. „Sicily" S. 65 ff., dann als Mensch [412—345]: Cat. S. 71; 55, dann wieder mit Stierkörper [345—275]: Cat. S. 73; 62.
   b) In Selinus der Hypsas [479—412]: Cat. „Sicily" S. 141; 34—37.
   c) In Selinus der Selinus [479—412]: Cat. „Sicily" S. 141; 38.
   d) In Kamarina der Hipparis [412—345]: Cat. „Sicily" 37; 17.
   e) In Naxos der Assinaros [412—345]: Cat. „Sicily" S. 120; 23.
   f) In Katana der Amenanos [412—345]: Cat. S. 48; 36 ff.
   g) In Agrigent der Akragas [345—275]: Cat. S. 19; 124—127.
   h) In Assorium der Chrysas [nach 212]: Cat. S. 31; 1.
2. Flussgötter, die nicht benannt sind.
   a) In Selinus [412—345]: Cat. „Sicily" S. 143; 50.
   b) In Piacus [412—345]: Cat. „Sicily" S. 130: 1.
   c) In Adranum [345—275]: Cat. „Sicily" S. 3; 3.

d) In Agrigent [412—345]; Cat. „Sicily" S. 18; 122.

e) In Agyrium [345—275]: Cat. „Sicily" S. 26; 7.

f) In Leontini [275—212]: Cat. „Sicily" S. 93; 62.

g) In Katana [275—212]: Cat. „Sicily" S. 50; 54.

h) Panormus? Siculo-Punic [412—345]: Cat. „Sicily" S. 249; 24.

Die stiergestaltigen Flussgötter sind gewöhnlich nicht genannt.

VIII.
Haltung der Flussgötter, wenn sie menschlich mit dem ganzen Körper dargestellt sind.

1. Opfernde.

In diesem Falle sind sie als Landesgottheiten aufgefasst. Selinus und Hypsas opfern aus Dankbarkeit für die Gesundheit des Landes durch die Reinigung ihrer Ströme. Gardner in „The Types" S. 104 sagt, dass der Erfolg, den diese Darstellungen enthalten, die Entwässerung einiger Landstriche von Selinus durch den bekannten Philosophen Empedocles ist, wodurch diese Districte gesund gemacht und das Wasser der Ströme rein wurde. Der Hahn und die Schlange, die neben dem Altar dargestellt sind, sind wirkliche Atribute des Asklepios und der Sumpfvogel, der Storch entfernt sich von dem Flussgott, weil die Sümpfe, in denen er die Nahrung zu finden gewöhnt war, nicht mehr existierten.

a) Nackter n. l. stehender Flussgott mit Patera in der rechten und Lorbeerzweig in der linken Hand, links ein Altar:

Leontini [479—412]: Cat. „Sicily" S. 91; 45. Selinus [479—412]: Cat. „Sicily" S. 141; 34.

Auf diesen Münzen von Selinus sieht man um den

Altar eine Schlange und rechts einen Storch, der sich zurückzieht, oben ein Selinon-Blatt.

b) Mit Himation bekleideter n. l. stehender Flussgott, so dass die rechte Brust und der rechte Arm freigelassen wird, er hält Patera in der rechten und Lorbeerzweig in der linken Hand, links ein Altar: Selinus [479—412]: Cat. „Sicily" S. 140; 29.

Neben dem Altar ein Hahn und rechts ein Stier auf einer hohen Basis n. l.; oben ein Selinon-Blatt.

2. Flussgott n. r. stehend mit dem linken Fuss auf einem Fels neben einer Herme, die vor ihm steht; er hat Cothurne und Pilos und um den linken Arm eine Chlamys herumgeschlagen, in der linken Hand hält er 2 Jagdspeere und neben ihm 2 Hunde: Segesta [412—345]: Cat. „Sicily" S. 133; 30—32. — Wir hätten die Figur identificiren können mit dem mythischen Gründer von Segesta, Segestus oder Acestes, wenn er nicht auf einigen Münzen mit einem kurzen Horn auf dem Kopf erschiene. Gardner; „The Types".. VI; 4. S. 125. Head; Hist. num. 1887 S. 144.

3. Flussgott nackt n. l. liegend, in der Rechten Füllhorn den linken Ellbogen auf eine Amphora gestützt. Katana [275—212]: Cat. „Sicily" S. 50; 54—56.

4. Flussgott nackt auf einem Felsen n. r. sitzend; er hält Füllhorn und Zweig. Leontini [275—212]: Cat. „Sicily" S. 93; 62—65.

5. Flussgott nackt n. l. stehend; Amphora in der rechten Hand und Füllhorn in der Linken haltend, über dem linken Arm eine Chlamys geschlagen. Assorus [nach 212]: Cat. „Sicily" S. 31; 1.

IX.
Verschiedene Attribute die in Zusammenhang mit den Flüssen stehen.

1. Fluss-Fisch.
Katana [vor 479]: Cat. „Sicily" S. 41; 1—3, Gela [412—345]: Cat. S. 71; 54, etc.
2. Fluss-Pflanze.
Katana [vor 479]: Cat. „Sicily" S. 41; 1—2.
3. Wasser-Vogel [Storch].
Katana [vor 479]: Cat. „Sicily" 41; 3.

Häufig kommen, z. B. auf den Münzen von Gela, neben den Flussgöttern Getreide-Körner vor. Diese Getreide-Körner sowie das Füllhorn, das wir bei einigen Flussgöttern aus der späteren Zeit als Attribut gefunden haben, weisen auf die Flussgötter als Fruchtbarkeitsdämonen hin.

Während die Darstellung der Flussgötter auf den sicilischen Münzen so häufig ist, finden wir in Nordgriechenland und dem Peloponnes von der ältesten Zeit an bis in die letzte Zeit der Prägung keine Flussgötter. Eine Münze von Metropolis [Thessaliotis] [400—344] stellt einen bärtigen Kopf en Face mit struppigem Haare dar: [Cat. Brit. Mus. „Thessaly" Taf. VII; 7]. Dieser Kopf stellt aber sehr wahrscheinlich keinen Flussgott vor, wenigstens haben wir keine Sicherheit hierfür, zumal auch die Hörner fehlen.

X.

Von den Flussgöttern kommen wir zu den Nymphen, die auf den sicilischen Münzen sehr häufig zu sehen sind. Dieselben sind aber nicht so genau charakterisirt, wie die Flussgötter. Deshalb kann man nicht immer sagen, ob ein weiblicher Kopf oder eine weibliche Gestalt wirklich eine Nymphe darstellt. Es gibt eine grosse Zahl von weiblichen Köpfen und Gestalten, die sehr wahrscheinlich Nymphen darstellen, aber doch nicht mit Sicherheit als solche betrachtet werden dürfen. Es ist von vornherein zu beobachten, dass Nymphen mit ganzer Gestalt viel seltener vorkommen, als Nymphen-Köpfe. Von diesen Köpfen sind manche durch das struppige Haar als Wassernymphen charakterisirt, andere genauer benannt durch Inschriften. Diejenigen Köpfe, die nicht das struppige Haar tragen, haben ein sehr würdiges Aussehen. Die Anordnung des Haares ist sehr verschieden, und das steht in Zusammenhang mit der Tracht jeder Zeit. Siehe die schönen und so zahlreichen Köpfe der Arethusa auf den Münzen von Syrakus [Head; Coinage of Syrakus].

Die weiblichen Köpfe oder Gestalten, die als Nymphen allgemein angenommen werden, sind meistens nicht benannt, doch findet man einige, die durch Inschriften, die dabei stehen, näher bezeichnet sind.

1. Nymphen, die durch Inschriften benannt sind:

a) In Segesta die Nymphe Segesta.

Segesta [vor 479]: Cat. „Sicily" S. 130—131; 1—15. Aus der Uebergangsperiode: Cat. „Sicily" S. 131—132; 15—29. Aus der Blüthezeit der Kunst: Cat. S. 133 ff. von Nr. 30 an.

b) In Messana die Nymphe Messana.

Messana [479—412]: Cat. „Sicily" S. 103; 38—45. Siehe aus jüngerer Zeit [412—345]: Cat. S. 106; 66.

c) In Syrakus die Nymphe Arethusa.

[Kimon's Zeit]: Cat. „Sicily" S. 177; 208.

d) In Kamarina die Nymphe Kamarina.

[412—345]: Cat. „Sicily" S. 36; 37. Siehe noch S. 38; 24.

e) In Tyndaris die Nymphe Tyndaris.

[412—345]: Cat. „Sicily" S. 235; 1.

2. Nymphen, die nicht benannt sind:

a) In Syrakus [vor 479]: Cat. „Sicily" S. 145.

b) In Himera [479—412]: Cat. S. 78 und 79.
c) In Panormus [479—412]: Cat. S. 121; 2—4.
d) In Abacaenum [412—345]: Cat. S. 1; 6—8.
e) In Katana [412—345]: Cat. S. 121, 2—4.
f) In Kamarina [412—345]: Cat. S. 37; 20.
g) In Motya [412—345]: Cat. S. 244; 8—10 siehe noch S. 115; 2.
h) In Nacona [412—345]: Cat. S. 117; 1.
i) In Thermae [345—275]: Cat. S. 83; 4.

XI.
Haltung der Nymphen [ganze Gestalten]:
1. Opfernde Nymphe.

Himera [479—412]: Cat. „Sicily" S. 78; 31 ff. Himera war keine Flussstadt; sie besass sehr viele Quellen, die wegen ihrer heilenden Wirkung sehr besucht wurden [Gardner; „The Types" S. 105]. Die Nymphe Himera, die hier mit Chiton und Himation angekleidet ist, erscheint als Lokalgottheit und opfert aus Dankbarkeit den heilenden Göttern.

2. Lenkende Nymphe.

Messaua [479—412]: Cat. „Sicily" S. 102; 38 ff. Auch hier trägt die Nymphe als Landesgottheit den Sieg mit dem Wettgespanne davon.

3. Auf einem schwimmenden Schwane sitzend.

Kamarina [412—345]: Cat. „Sicily" S. 36; 16 und S. 37; 17—19. Siehe auch Gardner; The Types.. Taf. VI: 7.
— Die Nymphe Kamarina ist dargestellt als göttliches Wesen schreitend auf ihrem See; ihre Bewegung ist nicht die einer Sterblichen, wie Gardner [„The Types.." S. 126] sagt. Ihr fliegendes Gewand schlägt eine Falte um den Wind aufzufangen. Es wird also aus diesen Beispielen klar, dass die Nymphen auf den sicilischen Münzen eine erhabene Auffassung haben: sie sind Ortsgottheiten.

XII.

Die nordgriechischen Münzen sind in der Darstellung der Nymphen nicht so arm, wie in der der Flussgötter. Eine Reihe von Münzen zeigen uns Nymphen-Köpfe oder Gestalten. Die Münzen von Larissa zeigen sehr häufig den Kopf der Nymphe dieses Ortes [Gardner „The Types.. VII; 35]. Siehe auch Monatsberichte der berl. Akad. d. Wiss. 1878, Taf. I; 19 und Cat. „Thessaly" Taf. V; 14 und Taf. VI. Ebenso führen die von Larissa Coemastae S. 33, dann die von Gomphi: Cat. S. 19, die von Meliboea S. 35, ferner die von Phalana S. 41, endlich die Münzen von Atrax S. 14 und von Gyrton S. 20 und Lamia S. 22 uns eine Reihe von Nymphen-Köpfen vor.

Während man von diesen Köpfen, was ihre Darstellung anlangt, nicht viel sprechen kann — weshalb ich mich bei der Betrachtung der sicilischen Köpfe sehr zurückgehalten und scheinbar eine Lücke gelassen habe — finden wir andere Darstellungen, die uns ganz deutlich zeigen, wie die Nymphen in Nordgriechenland aufgefasst wurden, namentlich die ganzen Gestalten der Nymphen.

Die Münzen von Lete tragen von der ältesten Zeit der Prägung an [600 v. Chr.] eine Nymphe, die von einem Satyr mit Tierhuf erfasst wird [Gardner; „The Types" Taf. III; 1—2, siehe noch Cat. „Macedonia" S. 77—80 und Mionnet; Suppl. III Taf. VI und VIII]. Auf Münzen der Orrescii sehen wir eine Nymphe, die von einem Kentaur geraubt wird [Gardner „The Types.. Taf. III; 28.] Die Münzen von Thasos zeigen auch eine von einem Satyr geraubte Nymphe Cat. „Thrace" S. 216 ff.; die Münzen von Bergaios [Thracien] tragen die Nymphe in derselben Weise wie die der Orrescii [Cat. „Thrace" S. 205].

Ausserdem finden wir noch die folgenden Handlungen:
1. Nymphe mit Chiton angekleidet, von einem Brunnen
   sich entfernend mit einer vollen Amphora, die auf

ein Knie gestützt wird [im Begriffe die Amphora auf den Kopf zu setzen].
Larissa [480—450]: Cat. „Thessaly" Taf. IV; 11.
2. Nymphe auf einer Hydria sitzend n. l. mit einem Ball spielend.
Larissa [450—400]: Cat. „Thessaly" Taf. IV; 15.
3. Nymphe n. l. laufend mit einem Ball spielend:
Larissa [450—400]: Cat. „Thessaly" Taf. IV; 16. Vgl. S. 28; 46.
4. Nymphe n. r. sitzend in der linken Hand einen Spiegel vor sich haltend.
Larissa [450—400]: Cat. „Thessaly" Taf. V; 5.
5. Nymphe n. l. sitzend die rechte Hand nach oben gehoben, hinter ihr eine Hydria:
Larissa [450—400]: Cat. „Thessaly" Taf. V; 6.
6. Nymphe n. r. sitzend mit den beiden Händen nach oben; vor ihr eine Hydria.
Larissa [450—400]: Cat. „Thessaly" Taf. V; 7.
7. Nymphe n. r. sitzend und sich eine Sandale bindend; vor ihr eine Hydria:
Larissa [450—400]: Cat. „Thess." Taf. V; 8.
8. Nymphe n. l. laufend und in der Rechten mit einem Ball spielend:
Perrhaebi [480—400] [Olöösson]: Cat. „Thessaly" Taf. VIII; 10.
9. Nymphe n. r. stehend, mit Chiton und Himation bekleidet, eine Ciste haltend:
Tricca [480—400]: Cat. „Thessaly" Taf. XI; 10.
10. Nymphe en Face stehend, Kopf n. l., in der Rechten mit einem Ball spielend:
Tricca [480—400]: Cat. „Thess." Taf. XI; 11.
11. Nymphe mit Astragalen spielend:
Kierion [480—400]: Monatsb. d. berl. Akad. d. Wiss. 1878 Taf. II; 23.

Diese Beispiele genügen, glaube ich, um den Charakter der Nymphen auf den nordgriechischen Münzen bezeichnen zu können. Ich führe keine weiteren an; denn ich will nicht die nordgriechische Münz-Prägung vollständig behandeln. Durch diese Beispiele wird es ersichtlich, dass die Nymphen auf den nordgriechischen Münzen als Landmädchen aufgefasst sind und der erhabene Charakter, den wir auf den sicilischen gefunden haben, fehlt hier ganz.

Gehen wir zum Peloponnes über, so finden wir fast keine Beispiele von Nymphendarstellungen. Die Gestalt auf den Münzen von Kranium [Kephaloniae] [vor 431] ist wohl mehr eine Aphrodite als eine Nymphe zu nennen [Cat. „Peloponnes" Taf. XVI; 14—15. Gardner; The Types Taf. III; 24]. Eine Ausnahme ist nur zunächst auf einigen Münzen von Elis [370—362] zu erwähnen, da dieselben den Kopf der Lokalnymphe Olympia tragen [Cat. „Peloponn." S. 66—67. Gardner; „The Coins of Elis" in Num. Chron. XIX S. 221—273, Taf XIV; 4—6]. Der Kopf, dessen Haare in einer Sphendone gebunden ist, passt besser zu einer Nymphe als zu einer Hera, wie Curtius bemerkt [Zeitschr. f. Num. II]. Die Münzen von Achaïa, die die Nymphe Achaïa darstellen, sind wohl alle von einer sehr späten Prägung, so dass man sie ganz bei Seite lassen kann. Einige Münzen von Mantineia [371—240] aber zeigen vielleicht gleichfalls eine Nymphe. Diese Stücke von Elis und Mantineia dürfen aber, wie gesagt, als Ausnahmen betrachtet werden.

XIII.

Ich wende mich endlich zu den Darstellungen der Satyrn auf den sicilischen Münzen, die zwar nicht so häufig wie die Flussgötter und die Nymphen vorkommen, aber doch auf den Münzen von Naxos, Himera und Nacona zu sehen sind,

In der Haltung dieser Gestalten sind verschiedene Varianten zu beobachten.

1. Vs. Bärtiger Dionysos-Kopf n. r.
   Rs. Auf dem Boden sitzend, nackter bärtiger Silen mit menschlichen Füssen und langem Schweif; mit einem Kantharos in der Rechten und Thyrsos in der linken Hand. Links Epheuzweig mit Blättern.
Naxos [479—412]: Cat. „Sicily" S. 118; 7—11.
2. Vs. bärtiger Dionysos-Kopf n. r.
   Rs. Auf dem Boden en Face sitzend nackter, bärtiger Silen mit menschlichen Füssen und langem Schweif, Kopf n. l.; mit einem Kantharos in der rechten und Thyrsos in der linken Hand; links Epheuzweig mit Blättern.
Naxos [412—345]: Cat. „Sicily" S. 119; 18.
3. Auf dem Boden sitzend nackter, bärtiger Silen n. r., Kopf n. l., mit menschlichen Füssen; Kantharos in der rechten haltend und Thyrsos in der linken Hand. Links Epheuzweig mit Blättern, rechts eine ithyphallische Herme:
Naxos [412—345]: Cat. „Sicily" S. 120; 20.
4. Auf einem Esel seitwärts sitzender Silen n. l., mit menschlichen Füssen; Kantharos in der rechten und Thyrsos in der linken Hand:
Nacona [412—345]: Cat. „Sicily" S. 117; 1.

Wenn nur der Kopf des Silen dargestellt ist, ist er manchmal unbekränzt, manchmal mit Epheu bekränzt:
Katana [476—461]: Cat. „Sicily" 43; 14. Aus der späteren Zeit [412—345] siehe Cat. 49; 46.

Aus diesen Beispielen wird es deutlich, dass der Silen auf diesen Münzen immer mit bacchischen Attributen vorkommt, also bacchisch ist. Auf der Hauptseite der Münzen von Naxos ist sehr häufig Dionysos selbst zu sehen, was jedenfalls diese Auffassung der Satyrn als bacchischer Wesen verstärkt.

XIV.

Eine andere Auffassung der Satyrn auf den sicilischen Münzen ist die als Quellengottheiten, eine Auffassung die echt italisch ist und welche man auf keiner von den Münzen Griechenlands findet.

Die Münzen von Himera zeigen einen, unter einer aus einem Löwenkopfe sprudelnden Quelle, sich badenden Silen; [479—412] Cat. „Sicily" S. 79; 34. Aus der jüngeren Zeit siehe Cat. S. 81; 48.

XV.

Anders ist die Auffassung der Satyrn auf den nordgriechischen Münzen. Ich führe hier die folgenden Beispiele an.

1. Ithyphallischer, nackter, stehender Satyr n. r., mit Pferde-Füssen ohne Schweif; mit den beiden Händen die rechte Hand einer mit langem Chiton bekleideten Nymphe fassend:

Lete [vor 500]: Cat. „Macedonia" S. 77; 1—3.

2. Ithyphallischer, nackter, n. r. stehender Satyr mit Pferdefüssen, vom Schweif ist nichts zu sehen; eine Nymphe mit der rechten Hand an ihrer Rechten packend, mit der Linken die Nymphe unter dem Kinn streichelnd:

Lete [vor 500]: Cat. „Macedonia" S. 77; 4—6. Siehe noch aus der jüngeren Zeit [500—480]: Cat. 79; 22—24.

3. Ithyphallischer, nackter, n. r. stehender Satyr mit Pferde-Füssen und Pferde-Schweif; in derselben Stellung wie in Nr. 2:

Lete [vor 500]: Cat. Maced. S. 77; 8—9.

4. Nackter, kauernder Satyr n. r., mit Pferde-Füssen, vom Schweif ist nichts zu sehen:

Lete [vor 500]: Cat. Maced. S. 78; 12—14.
> 5. Ithyphallischer, nackter Satyr n. r. knieend, eine mit langem Chiton bekleidete Nymphe in seinen Armen haltend. Mit menschlichen Füssen ohne Schweif.

Thasos [vor 500]: Cat. „Thrace" S. 216; 1. Siehe eine Reihe von Beispielen aus jüngerer Zeit [500—465]: Cat. 217 und 218.
> 6. Nackter, kauernder Satyr n. r., mit Pferde-Füssen und Pferde-Schweif:

Lete [500—480]: Cat. „Maced." S. 79; 25—28.
> 7. Nackter, knieender oder laufender Satyr n. r., mit Pferde-Füssen und Pferde-Schweif.

Lete [500—480]: Cat. Maced. S. 80; 29—36.
> 8. Nackter Satyr n. r. knieend mit menschlichen Füssen und Pferde-Schweif, eine mit Doppelchiton angekleidete Nymphe in seinen Armen haltend:

Thasos [465—411]: Cat. „Thrace" S. 218; 29—35.
> 9. Nackter Satyr en Face auf dem rechten Knie. Er hält eine mit langem Chiton bekleidete Nymphe:

Bergaios [411—345]. Cat. „Thrace" S. 205; 1.
> 10. Auf einem Esel n. r. liegender Silen n. l., mit menschlichen Füssen, der Unterteil des Leibes mit einem kleinen Mantel bekleidet. Der Silen hält Kantharos in der Rechten, mit der Linken stützt er sich auf den Esel. Vor dem Esel Weinbaum, auf welchem ein Rabe sitzt.

Mende [450—400]: Cat. „Macedonia" S. 81; 4. Siehe noch S. 82.
> 11. Nackter, kauernder Satyr n. l., mit menschlichen Füssen, eine Oenochoë, aus welcher er trinken will, haltend:

Terone [424—400]: Cat. Mac. S. 108; 9.
> 12. Nackter Satyr n. l. knieend, mit Kantheros in der

Rechten, mit menschlichen Füssen und Pferde-Schweif:

Saratos [412—345]: Cat. „Thrace" S. 205; 1.

13. Nackter Satyr n. l. oder n. r. knieend auf dem linken Knie, Kantharos haltend:

Thasos [400—350]: Cat. „Thrace" S. 221; 53 und 58.

14. Nackter n. r. stehender Satyr, menschlich, eine Amphora in einen Krater oder in eine andere Amphora ausgiessend:

Corcyra [400—300]: Cat. „Thessaly" S. 125; 181 und 186. Taf. XXII; 14 und 15.

Nach den vorgeführten Beispielen haben wir bis Nr. 10, also bis 450 v. Chr. kein Beispiel gefunden, wo dem Satyr ein bacchisches Attribut gegeben ist. Die Nymphenräuber mögen wohl in Zusammenhang mit dem Dionysos-Cultus in Thracien und auf den Inseln von der Gegend stehen, wie Gardner [The Types.. S. 109] sagt, sind aber doch nicht bacchisch.

Nach 450 ungefähr erscheinen mit dem Satyr in Verbindung der Kantharos und die Weintrauben. Die Satyre haben bacchische Attribute, doch der Thyrsos fehlt auf den nordgriechischen Münzen ganz und kommt dieser Satyr in Zusammenhang mit Dionysos, so dass auf der Hauptseite der Kopf des Gottes wäre und auf der Rückseite der Satyr, wie auf den Münzen von Naxos, auf den nordgriechischen Münzen nie vor. Ich bemerke noch, dass auf den Münzen von Lete die Satyrn in der ältesten Zeit Pferde-Füsse haben, während auf denen von Thasos, die gerade so alt wie die von Lete sind [vor 500], die Satyrn menschliche Füsse haben. Es ist also nach den Münzen nicht zu behaupten, dass die Satyrn in der ältesten Zeit überall tierische Füsse hatten, und dass sie mit der Zeit menschlich wurden.

Die peloponnesischen Münzen tragen, mit Ausnahme von einer aus der Zeit des Septimius Severus [Cat. Peloponnes S. 191 Taf. XXXV; 20], keinen Satyr.

Als ich von den auf den sicilischen Münzen dargestellten olympischen Gottheiten sprach, sagte ich eben, dass diese streng aufgefassten olymyischen Gottheiten als Ausnahme zu betrachten sind; denn mit Ausnahme von Apollo erscheinen die anderen olympischen Gottheiten selten und haben dann manchmal eine sehr genrehafte, aus dem Leben genommene Auffassung. Man wird infolgedessen vielleicht glauben, dass der sicilischen Prägungs-Richtung das Ideal fehlte, die Stempelschneider oder Künstler mehr realistisch gedacht haben, mehr mit der Beobachtung des äusseren Lebens und der Natur beschäftigt waren. Es liegt dem eine gewisse Wahrheit zu Grunde, nämlich die, dass die sicilischen Künstler für die Natur in höherem Grade begeistert waren als andere. Aber sie verbanden damit doch das Streben nach einem Ideal. Das sicilische Prägungs-Gebiet besteht, wie aus den hier gemachten Beobachtungen zu schliessen ist, aus agonistischen Darstellungen und aus Personificationen der Natur. Es ist aber eigentlich nicht das einfache Gespann, wie es der Künstler im alltäglichen Leben beobachten konnte, dargestellt, sondern ein idealisirtes. Nur so erklärt sich die Erscheinung der Gottheiten als Wagenlenker, oder die der Nike nicht nur als Nebenfigur, sondern häufig auch als Wagenlenkerin. Die Künstler, wie gezeigt, haben genau beobachtet, wie die Stellung eines Wagen und Wagenlenkers möglich ist, sie haben aber daraus das Ideal eines Sieges mit dem Wagen, mit dem Wettgespanne gemacht. Es ist eben die Idealisirung eines Wettgespannes, welches den Sieg gewinnt, was wir auf den sicilischen Münzen dargestellt sehen; diese Idealisierung eines Sieges mit dem Wettgespanne ist es, was die agonistischen Darstellungen auf diesen Münzen charakterisiert. Wie diese Gespanne, so sind auch die Kräfte der Natur idealisiert. Der Flussgott, welcher in der Gestalt eines Stieres gegeben ist, ist das Ideal eines unruhigen Stromes und wenn der Flussgott als Mensch dargestellt ist, hat er einen durchaus erhabenen Charakter, ist er, wie gezeigt, als Landesgottheit dargestellt. Ebenso repräsentiert die Nymphe das Ideal einer Orts- oder Quellengottheit. Selbst wenn der Kopf nur einer Nymphe dargestellt ist, bemerkt Friedländer mit Recht, ist er göttlich aufzufassen. Vergleichen wir nur den Kopf der Arethusa mit dem Kopfe der Larissa, so werden wir uns vollständig überzeugen, dass der Kopf der Arethusa viel göttlicher aussieht, während der der Larissa viel sinnlicher ist. Gehen wir zu den Satyrn über, so sehen wir, dass sie entweder als bacchische Wesen in Verbindung mit Dionysos dargestellt sind, oder selbst als Gottheiten. nämlich als Quellengottheiten. Es besteht also die sicilische Prägung aus der Idealisierung eines friedlichen Sieges eines Wettkampfes und aus der Idealisierung der Naturkräfte, welche auf den Einwohner Siciliens stärkeren Reiz ausübten. So ist diese Prägungskunst keineswegs eine realistische genrehafte sondern eine idealistische und verschieden von der Kunstrichtung auf den Münzen von Nordgriechenland und des Peloponnes, wo die Sujets, welche die sicilischen Künstler begeistert haben und welche auf diesen Münzen herrschen, entweder ganz fehlen oder in ganz anderer Weise aufgefasst sind.

Lebenslauf.

Octav Erbiceano, geboren 1866 am 6. November als Sohn des Georg Erbiceano, Professor in Jassy, besuchte die Schulen seiner Vaterstadt und absolvirte am Gymnasium zu Jassy, worauf er sich den Grad eines Baccalaureus erwarb. 4 Semester studirte er darauf in Athen Archaeologie und wandte sich von dort nach München, wo er 6 Semester als Archaeologe immatriculirt war.